# BEI GRIN MACHT SICH IHR WISSEN BEZAHLT

AF141635

- Wir veröffentlichen Ihre Hausarbeit, Bachelor- und Masterarbeit

- Ihr eigenes eBook und Buch - weltweit in allen wichtigen Shops

- Verdienen Sie an jedem Verkauf

**Jetzt bei www.GRIN.com hochladen und kostenlos publizieren**

**Markus Büter**

# Quantitative und qualitative Forschung nach Uwe Flick mit Bezug auf Kurt Kohl

GRIN Verlag

**Bibliografische Information der Deutschen Nationalbibliothek:**

Die Deutsche Bibliothek verzeichnet diese Publikation in der Deutschen National-
bibliografie; detaillierte bibliografische Daten sind im Internet über http://dnb.d-
nb.de/ abrufbar.

**Impressum:**

Copyright © 2003 GRIN Verlag, Open Publishing GmbH
Druck und Bindung: Books on Demand GmbH, Norderstedt Germany
ISBN: 978-3-656-78558-3

**Dieses Buch bei GRIN:**

http://www.grin.com/de/e-book/55902/quantitative-und-qualitative-forschung-
nach-uwe-flick-mit-bezug-auf-kurt

**GRIN - Your knowledge has value**

Der GRIN Verlag publiziert seit 1998 wissenschaftliche Arbeiten von Studenten, Hochschullehrern und anderen Akademikern als eBook und gedrucktes Buch. Die Verlagswebsite www.grin.com ist die ideale Plattform zur Veröffentlichung von Hausarbeiten, Abschlussarbeiten, wissenschaftlichen Aufsätzen, Dissertationen und Fachbüchern.

**Besuchen Sie uns im Internet:**

http://www.grin.com/

http://www.facebook.com/grincom

http://www.twitter.com/grin_com

Seminar im Bereich Sport und Bewegung:

„Instruktionen des Lernens und Lehrens von Bewegungen"

WS 2003/2004

**Thema:   Quantitative und qualitative Forschung nach Uwe Flick mit Bezug auf Kurt Kohl**

**Inhalt: Referat zum Thema quantitative und qualitative Forschung nach Uwe Flick mit Bezug auf Kurt Kohl**

# 1 Einleitung und Vorbemerkung zum Referat

Nachdem im Seminar Kurt Kohl´s Person, seine Experimente, Erkenntnisse und deren Konsequenzen für die Instruktionen des Lehrens und Lernens von Bewegungen vorgestellt wurden, haben wir uns mit quantitativer und qualitativer Forschung beschäftigt und uns dabei an Uwe Flick`s Buch „Qualitative Sozialforschung" orientiert. Wir haben mit unserem Vortrag u. a. versucht deutlich zu machen, was Flick unter quantitativer und qualitativer Forschung versteht und gleichzeitig untersucht, inwiefern Kurt Kohl`s bereits 1956 veröffentlichtes Werk „Zum Problem der Sensumotorik" die von Uwe Flick beschriebenen Kennzeichen quantitativer und qualitativer Forschungsprozesse berücksichtigt.

Uwe Flick ist Sozialwissenschaftler, 1956 geboren und studierter Psychologe und Soziologe und hat als angesehener Professor und Dozent an verschiedenen Universitäten gelehrt und diverse Veröffentlichungen gemacht. Sein Buch steht nicht direkt im Zusammenhang mit der Sportwissenschaft und Kurt Kohl. Da quantitative und qualitative Forschung in nahezu fast allen Wissenschaftsbereichen angewendet wird, aber in keiner uns zugänglichen Literatur so interdisziplinär behandelt wird, war es für uns eine ebenso schwierige wie interessante Aufgabe Uwe Flick´s sozialwissenschaftliche Erkenntnisse zu Forschungsprozessen aus den 90er Jahren in Zusammenhang zu bringen mit der praxisorientierten sportwissenschaftlichen Forschung von Kurt Kohl aus den 50er Jahren. Obwohl Uwe Flick´s Buch „Qualitative Sozialforschung" erst viel später veröffentlicht wurde als Kohl´s Buch „Zum Problem der Sensumotorik", haben wir erstaunlicherweise festgestellt, dass Kohl in seiner Forschung viele der von Flick beschriebenen Kennzeichen quantitativer und qualitativer Forschung in seiner Arbeit berücksichtigt hat. Genau dies soll der Schwerpunkt unseres Referates sein, währenddessen wir auch immer wieder versucht haben die Seminarteilnehmer durch Fragen und das Aufwerfen von Diskussionspunkten mit einzubeziehen, um somit Kurt Kohl´s Forschung besser einschätzen und beurteilen zu können.

## 2 Forschung

Da wir uns mit qualitativer und quantitativer Forschung beschäftigt haben und zu diesen Begriffen Definitionen geben wollten, versuchten wir zunächst zu klären was Forschung ist. Nachdem wir die Frage gestellt haben: „Was meint ihr, was Forschung auszeichnet und welchen Zweck sie verfolgt?" sind wir relativ schnell darauf gekommen, dass Forschung der Erkenntnisgewinnung dient, eine wissenschaftliche und geistige Tätigkeit ist.

Folgende Definition aus dem dtv-Lexikon (Brockmann, Seite 47, Mannheim, 1992, Band 6) erschien uns als aussagekräftig und leicht verständlich:

„Forschung ist die Gesamtheit der methodisch-systematischen, schöpferischen-geistigen Bemühungen im Rahmen der Wissenschaft zur Gewinnung neuer, allgemein nachprüfbarer Erkenntnisse."

### 2.1 Quantitative Forschung

### 2.1.1 Definition quantitativer Forschung

Analytisch (zerlegend)-nomologische (auf die Auffindung und Überprüfung von Gesetzmäßigkeiten zielend), standardisierte Forschung mit deduktivem (theorie- und hypothesenprüfenden) Vorgehen und klar meßbaren Ergebnis.

### 2.1.2 Kennzeichen quantitativer Forschung

Da diese mit Fremdwörtern gespickte Definition relativ schwer verständlich ist, haben wir diese durch die folgenden Kennzeichen quantitativer Forschung anschaulicher gemacht. Dabei haben wir zunächst allgemein das Kennzeichen beschrieben, bevor wir den Bezug zu Kurt Kohl herstellten bzw. das Kennzeichen an einem anderen Beispiel erläuterten.

1. Quantitative Forschung zeichnet sich durch eindeutige Messbarkeit bzw. Quantifizierbarkeit der Phänomene (Erscheinungen) aus. Bei Kurt Kohl sind die Wurfergebnisse seines Basketballexperimentes ganz klar in einer Tabelle quantifiziert, so dass unzweifelhaft festgestellt werden kann, welche Versuchsperson wie oft getroffen hat. Im Gegensatz dazu wäre bei einer Fragestellung z. B. „Wie viele

springen den Salto auf dem Trampolin gut?" zunächst zu klären, was ein guter Salto ist und somit würde das Kriterium der eindeutigen Messbarkeit verletzt werden.

2. Bei der quantitativen Forschung wird eine klare Isolierung von Ursache und Wirkung angestrebt. Auf unsere Frage, ob diese Isolierung in der Realität des Sports möglich ist, herrscht relativ schnell Einigkeit darüber, dass in der komplexen Realität zumeist mehrere Einflüsse (Motivation, Übung, Konzentration etc.) die Bewegung eines Sportlers beeinflussen. Kurt Kohl versucht zwar Umgebungseinflüsse auszuschalten, dies kann aber aufgrund der Komplexität von Realität und Phänomen nicht vollständig gewährleistet werden. Z. B. könnte die schlechte Tagesform einer Versuchsperson durch eine leichte Krankheit oder private Probleme (Ursache) das Wurfergebnis (Wirkung) negativ beeinflussen.

3. Quantitative Forschung hat einen Anspruch auf Objektivität, die durch z. B. die Ausschaltung von Umgebungseinflüssen oder Einflüssen vom Versuchsleiter gewährleistet werden kann. Kohl strebt zwar an, für alle Versuchspersonen gleichartige Versuchsbedingungen zu schaffen, jedoch kann dies in einem Experiment oft nicht vollständig erreicht werden, da z. B. die Zuschauerreaktion und somit die Beeinflussung des Werfers bei dem einen stärker als bei dem anderen sein kann.

4. Quantitative Forschung verlangt Experimentanordnungen, die es erlauben aus den Ausgangstheorien aufgestellte Hypothesen zu überprüfen, d. h. entweder zu verifizieren (Bestätigung einer Hypothese oder Theorie) oder zu falsifizieren (Widerlegung einer Hypothese oder Theorie). Dieses Kennzeichen hält Kohl bemerkenswert gut ein. Seiner quantitativen Forschung gelingt es die Ausgangstheorie über die wechselseitige Abhängigkeit von Wahrnehmung und Bewegung und die u. a. daraus entwickelte Hypothese Blindwürfe treffen bei Geübten ähnlich gut wie Normalwürfe zu bestätigen. Die klaren Versuchsreihen der quantitativen Forschung begünstigen diese Bestätigung.

5. Quantitative Forschung erfordert die Vornahme repräsentativer, willkürlicher Stichproben. Auf unsere Frage, ob es sich bei Kohl auch um repräsentative, willkürliche Stichproben handelt, stellte sich heraus, dass Kohl die Auswahl der Versuchspersonen nicht nach Zufallsprinzip vorgenommen hat, da sonst die

gleichzeitig von ihm vorgenommene qualitative Forschung in ihrem Ergebnis nicht so umfangreich gewesen wäre. Die Seminarteilnehmer waren sich einig darüber, dass bei einer zufälligen Auswahl der Versuchspersonen das Forschungsergebnis der quantitativen und qualitativen Forschung nicht so aussagekräftig und eindeutig gewesen wäre.

6. Quantitative Forschung zeichnet sich zumeist durch einen geschlossenen Forschungsprozess aus, d. h. die quantitative Forschung endet damit, dass die Ausgangstheorie bestätigt bzw. widerlegt worden ist, während es bei der theorieentwickelnden qualitativen Forschung u. U. einer Überprüfung der neu aufgestellten Theorie durch z. B. eine quantitative Forschung bedarf. Wie später noch deutlicher werden wird, überprüft Kohl seine aus der ersten qualitativen Befragung sich ergebene Ausgangshypothese über die wechselseitige Abhängigkeit von Wahrnehmung und Bewegung mittels der quantitativen Forschungsreihe durch das Basketballexperiment und schließt den Forschungsprozess somit weites gehend ab. Um sein Forschungsergebnis nochmals zu überprüfen und abzusichern führt er im Anschluß eine qualitative Forschung durch, mittels derer er durch die Interviewform des gemeinsamen Erzählens zur Verifizierung seiner Hypothese kommt.

7. Quantitative Forschung erfordert ein sehr starres Vorgehen bezüglich der Versuchsanordnung und -durchführung. Im Laufe der Jahre kam es zu einer stetigen Verfeinerung der Standards für quantitative Forschungsplanung, -durchführung, -bewertung und -auswertung. Jedoch wurden diese Standards unzureichend dahingehend reflektiert, ob sie den Forschungsgegenständen und Fragestellungen angemessen sind. Kurt Kohl versucht zwar in seinem Basketballexperiment diese Standards einzuhalten und für alle Versuchspersonen die gleichen Versuchsbedingungen zu schaffen und ihnen die gleichen Anweisungen zur Versuchsdurchführung zu geben, ihm ist aber dabei bewußt, dass dies nicht vollständig gewährleistet werden kann.

8. Quantitative Forschung zeichnet sich durch statische Fragestellungen und Antworten aus. Bei Kurt Kohl sind sowohl die Fragen als auch die Antworten seiner quantitativen Forschung sehr statisch. Auf die Frage „Wie viel Normalwürfe treffen die Versuchspersonen?" gibt es nur die eine Antwort z. B. 7 von 10 Würfen treffen.

(Quelle zu 2.1.1 - 2.1.2: Gerstenberger, F.: Skript zu Einführung in die Methoden der Berufsbildungsforschung (BWP IV) an der Universität Oldenburg, 1999; Kohl, K.: Zum Problem der Sensumotorik, Frankfurt am Main 1956, Verlag von Dr. Waldemar Kramer; dtv-Lexikon von Brockmann, Mannheim, 1992, Band 1-20)

## 2.1.3 Grenzen quantitativer Forschung

9. Als Problembereich der quantitativen Forschung stellte sich heraus, dass zunehmend standardisierte Umfragen und experimentelle Versuchsanordnungen zwar zu zahlreichen Ergebnissen führten, aber zu wenig reflektiert und auf ihre Angepasstheit gegenüber den heute relevanten, alltäglichen Forschungsgegenständen und Fragestellungen, die sehr komplex sind, überprüft wurden.

10. Es gelang der quantitativen Forschung oft nicht alltagsrelevante Problemstellungen zu erforschen, weil sie sich zu sehr an Standards und Objektivität der Experimente halten musste.

11. Trotz standardisierter Vorgehensweisen und methodischen Kontrollen konnte die Objektivität quantitativer Forschung nicht immer gewährleistet werden, weil ihre Ergebnisse von den Interessen, sowie sozialen, kulturellen und situativen Hintergründen der Beteiligten abhingen.

Insgesamt wird die überwiegend an Objektivität und Standards orientierte quantitative Forschung heutzutage tendenziell eher negativ bewertet, da ihre Ergebnisse oft schwer anwendbar und anschlussfähig sind. „Nachdem Max Weber (1919) die Entzauberung der Welt zur Aufgabe der Wissenschaft erklärt hat, stellten „Bonß und Hartmann (1985) die zunehmende Entzauberung der Wissenschaft, ihrer Methoden und Erkenntnisse fest". (Flick, U.: Qualitative Sozialforschung, Seite 14, Hamburg 2002, Rowohlt, 6. Auflage)
Es kam zu einem Wandel in der Forschung, bei der nicht mehr wie früher, der Forschungsgegenstand entsprechend der angewendete Methode ausgewählt wurde, sondern der Forschungsgegenstand die Methode bestimmt und nicht umgekehrt.

(Quelle zu 2.1.3: Flick, U.: Qualitative Sozialforschung Seiten 13 - 16, Hamburg 2002, Rowohlt, 6. Auflage; Kohl, K.: Zum Problem der Sensumotorik, Frankfurt am Main 1956, Verlag von Dr. Waldemar Kramer)

## 2.2 Qualitative Forschung

Genau aufgrund dieser beschriebenen Probleme quantitativer Forschung ist es das Ziel der qualitativen Forschung eine empirisch begründete Formulierung von subjekt- und situationsspezifischen Aussagen zu schaffen. Sie besitzt keinen Anspruch auf Objektivität, versucht differenzierte und komplexe Problemstellungen des Alltags zu erklären und zeichnet sich durch induktives, d. h. hypothesenentwickelndes Vorgehen aus.

### 2.2.1 Definition qualitativer Forschung

Interpretative (deutende, erklärende) Forschung mit induktiven (hypothesenentwickelnden) Vorgehen
Stark vereinfacht ausgedrückt, versucht man komplexe Phänomene der Realität zu deuten und zu erklären und daraus durch Interpretation Hypothesen und Theorien zu entwickeln.

(Gerstenberger, F.: Skript zu Einführung in die Methoden der Berufsbildungsforschung (BWP IV) an der Universität Oldenburg, 1999; dtv-Lexikon von Brockmann, Mannheim 1992, Band 1-20)

### 2.2.2 Kennzeichen qualitativer Forschung

Wie bereits erwähnt, unterscheiden sich quantitative und qualitative Forschung wesentlich. Die qualitative Forschung wird bestimmt durch drei wesentliche Gruppen von Kennzeichen.

### 2.2.2.1 Gegenstandsangemessenheit von Methoden und Theorien

1. Für die qualitative Forschung ist es sehr bedeutsam die Methoden so auszuwählen, dass sie der Komplexität des untersuchten Gegenstandes gerecht werden. Besonders

8

schwierig ist es eine geeignete Methode zur Erforschung von isolierten Merkmalen zu finden, wenn diese in der Realität nicht für sich alleine, sondern stets mit anderen Einflussgrößen auftritt. Kurt Kohl findet nach unserer Ansicht für die komplexe Fragestellung nach der Interdependenz von Bewegung und Wahrnehmung mit seiner qualitativen Befragung eine geeignete Methode, indem er keine vorgegebenen Antwortmöglichkeiten, sondern große Freiheit bei den Antworten gibt bzw. läßt. Es handelt sich um offene Fragestellungen mit offenen Antworten, um den Versuchspersonen den Druck von richtig oder falsch zu nehmen.

2. Entscheidend für die Methodenwahl bei der qualitativen Forschung ist der Forschungsgegenstand, d. h. der Forschungsgegenstand bestimmt die Methode und nicht umgekehrt. Relativ leicht kann man sich Forschungsfragen ausdenken für die Datenerhebungsmethoden (z. B. Interview oder Beobachtung) gar nicht oder besonders gut geeignet sind. Beispielsweise ist der Forschungsgegenstand, das Fressverhalten von Hunden, nicht mittels der Interviewmethode erforschbar. Besonders gut geeignet scheint bei Kohl die Methode der qualitativen Befragung zu sein, weil seine Versuchspersonen als Sportstudenten und geübte Basketballer, die sich bereits mit Bewegung und Wahrnehmung beschäftigt haben, mehr neue Erkenntnisse einbringt, als Kurt Kohl sie nur durch bloße Beobachtung erzielen hätte können.

3. In der qualitativen Forschung sind Untersuchungen von differenzierten Phänomenen des Alltags sehr bedeutsam. Forschungsgegenstände werden nicht in ihre einzelnen Variablen zerlegt, sondern in ihrer Ganzheit und Komplexität im Alltag untersucht. Dabei werden insbesondere die ungewöhnlichen Situationen, Personen oder Bewegungen erforscht.
So z. B. kann die Zunahme des Bio-Produkt-Konsums eher weniger mittels einer Laboruntersuchung, als mehr mittels einer Konsumentenbefragung erklärt werden, weil diese die verschiedensten Ursachen für die Zunahme besser erfasst. Besonders für die Untersuchung dieser komplexen Alltagsphänomene ist ein offener Forschungsprozess erforderlich, der durch offene Fragen in Gang gesetzt, d. h. von allgemeinen Fragestellungen kommt man zu immer spezielleren Fragen und auch Antworten. Die Forschungsmethoden sind durch Offenheit gegenüber dem Forschungsgegenstand gekennzeichnet.

4. Das Ziel der qualitativen Forschung ist es weniger bestehende Theorien zu überprüfen, als Neues zu entdecken und empirisch (zahlenmäßig) begründete Theorien zu entwickeln, wobei qualitative Forschung nicht immer neue Hypothesen und Theorien entwickelt, sondern sie auch geeignet ist, sie zu überprüfen.

5. Wichtig für eine hohe Forschungsqualität ist auch die Überprüfung, ob Erkenntnisse im empirischen Material begründet sind und ob die verwendete Methode angemessen ausgewählt und angewendet wurde. Kurt Kohl nimmt in seinem Buch immer wieder kritisch zu seinen Methoden und Theorien Stellung und überprüft sie, d.h. er reflektiert seine Forschung.

## 2.2.2.2 Perspektiven der Beteiligten und ihre Vielschichtigkeit

6. Qualitative Forschung berücksichtigt im Gegensatz zur quantitativen Forschung die Perspektive und die sozialen Hintergründe des Forschungsgegenstandes Das Forschungsergebnis muss immer vor dem Hintergrund des menschliches Verhaltens, Denkens und Handelns gesehen werden. Kurt Kohl tut dies eher weniger, indem er sich Versuchspersonen aussucht, von denen er die von ihm gewünschten Antworten erhofft und diese nicht vor den persönlichen Hintergrund
(z. B: private Probleme, Krankheit etc.) der Versuchspersonen sieht. Vor allem berücksichtigt er bei der Auswertung seiner qualitativen Befragung nicht hinreichend, dass die Versuchspersonen evtl. allein schon durch die Anwesenheit des Sportwissenschaftlers Kurt Kohl in ihren Antworten beeinflusst worden sind.

## 2.2.2.3 Reflexivität des Forscher und der Forschung

7. Die Kommunikation zwischen Forschern und Versuchspersonen wird zum Bestandteil des Forschungsprozesses und wird nicht wie bei der quantitativen Forschung versucht auszuschalten. Kurt Kohl versucht zwar neutrale Fragen zu stellen und die Versuchspersonen bei Beantwortung der qualitativen Fragen nicht zu beeinflussen, doch kann dies nicht vollständig gewährleistet werden, weil allein schon die Art der Fragestellung die Versuchsperson beeinträchtigt. Auch das mangelnde Verständnis einzelner Fragen und die Begründung dazu von Seiten der Versuchspersonen,

verwendet Kohl für seine Forschung. Genau diese Reflexionen von Kohl über seine eigenen Handlungen und Beobachtungen und die der Versuchspersonen im Forschungsprozess dokumentiert und interpretiert er, wodurch sie wesentlichen Einfluss auf das Forschungsergebnis nehmen.

8. Die Subjektivität des Untersuchers und der Untersuchten wird zum Bestandteil des Forschungsprozesses. Auch in Kohl`s Basketballexperiment beeinflussen die Charaktere und Persönlichkeiten des Versuchsleiters und der Versuchspersonen das Forschungsergebnis.

9. Die Art der Fragestellung, Eindrücke, Gefühle, Beobachtungen und Handlungen des Forschers fließen in die Ergebnisdaten und Interpretationen und entwickelten Theorien mit ein, so dass qualitative Forschung keinen Anspruch auf Objektivität besitzt, aber dafür den Versuch unternimmt besondere Phänomene zu erklären.

(Quelle zu 2.2.2.1 - 2.2.2.3: Flick, U.: Qualitative Sozialforschung Seiten 16 - 19, Hamburg 2002, Rowohlt, 6. Auflage; Kohl, K.: Zum Problem der Sensumotorik, Frankfurt am Main 1956, Verlag von Dr. Waldemar Kramer)

**2.2.2.4 Sonstige Kennzeichen**

10. Qualitative Forschung hat ein geringes Meßniveau. Auch bei Kurt Kohl sind die Interviewdaten schlecht meßbar oder auf einer Skala ein zu ordnen und müssen daher interpretiert werden.

11. Sie zeichnet sich meist durch flexible Fragestellungen und Antworten aus. Im Experiment werden offene Fragen gestellt, die auch in einer sehr freien, unterschiedlichen und interpretationsbedürftigen Art und Weise beantwortet werden.

12. Die verschiedenen Methoden der qualitativen Forschung gehen von unterschiedlichen Voraussetzungen aus und verfolgen unterschiedliche Ziele. Eine qualitative Befragung von Kohls Anspruch war nur bei Versuchspersonen möglich, die sich bereits mit der Interdependenz (wechselseitige Abhängigkeit) von Bewegung und Wahrnehmung beschäftigt haben und wäre bei „Otto-Normal-Verbrauchern" weniger fruchtbar

gewesen und hätte u. U. auch kein seinen Forschungszielen entsprechendes Ergebnis gebracht. Somit war die Methode für seine Forschungsvoraussetzungen und –ziele geeignet, wäre es aber bei anderen Versuchspersonen oder Forschungsfragen möglicherweise nicht gewesen.

13. Deshalb lassen sich qualitative Methoden nicht pauschal betrachten und beurteilen, sondern sind nur im Zusammenhang mit dem Forschungsprozess zu sehen und in ihrer Angepasstheit zum Forschungsgegenstand beurteilbar.

(Quelle zu 2.2.2.4: Gerstenberger, F.: Skript zu Einführung in die Methoden der Berufsbildungsforschung (BWP IV) an der Universität Oldenburg, 1999; Kohl, K.: Zum Problem der Sensumotorik, Frankfurt am Main 1956, Verlag von Dr. Waldemar Kramer)


## 3 Gebiete und Aktualität qualitativer Forschung

Zum Gebiet der qualitativen Forschung ist zu sagen, dass sie in den verschiedensten Wissenschaftsbereichen: u.a. Sport-, Wirtschafts-, Erziehungs- und Sozialwissenschaften angewendet wird.

Um die aktuelle Bedeutung qualitativer Forschung deutlich zu machen, versuchten wir die Seminarteilnehmer mit folgender Frage mit einzubeziehen.
Habt ihr eine Vermutung welche Forschung (quantitative oder qualitative) an Bedeutung gewinnt und warum?
Nach kurzem Zögern kamen wir auf die Antwort, dass die qualitative Forschung an Bedeutung gewinnt, jedoch fiel uns die Begründung dieser Aussage recht schwer.
In der aktuellen Forschungsdiskussion ist tatsächlich ein Bedeutungszuwachs qualitativer Forschung aufgrund der Vervielfältigung der Lebenswelten in modernen Gesellschaften festzustellen. Früher hatten wir eine relativ einseitige Arbeits- und Freizeitwelt und heute ist die Arbeits- und Freizeitwelt sehr vielseitig und -schichtig. Die Forscher werden somit zunehmend mit Kontexten konfrontiert, die ihnen neu sind, d. h. sie müssen etwas erforschen was ihnen unvertraut ist. Deshalb würden deduktive (hypothesenüberprüfende) Methoden an der Differenziertheit der Forschungsgegenstände vorbei zielen. Sie gehen von einer Ausgangstheorie aus und verlangen relativ umfangreiches Vorwissen über den

Forschungsgegenstand und sind deshalb eher weniger für die Untersuchung komplexer Fragestellungen der oben beschriebenen modernen Gesellschaft geeignet. Daher gewinnen induktive (hypothesenentwickelnde) Methoden und deshalb auch qualitative Forschung, die induktiv ist, an Bedeutung, da sie aus empirischen Untersuchungen Theorien entwickelt. Durch die Anpassung der qualitativ-induktiven Methoden an die speziellen Forschungsfragen und -gegenstände der modernen Gesellschaft soll auch eine größere Alltagsrelevanz qualitativer Forschung gewährleistet werden. Mittels der qualitativen Forschung ist es möglich Hypothesen und Theorien über einen Forschungsgegenstand zu entwickeln, der einem relativ fremd ist. Dies bedeutet nicht, dass kein Vorwissen und wissenschaftliches Arbeiten erforderlich ist.

Des Weiteren werden Forschungsgegenstände in der qualitativen Forschung nicht in ihre einzelnen Variablen zerlegt, sondern in ihrer Ganzheit und Komplexität im Alltag untersucht.

Diesen Zusammenhang haben wir in unserem Referat anhand des Beispiels der Skifahrt von Bernd Volger deutlich gemacht. Aufgrund seiner mangelnden Vorkenntnisse beim Skifahren wäre eine rein quantitative, hypothesenüberprüfende Forschung ungeeignet gewesen, weil er wegen mangelnder Erfahrung beim Skifahren und dem Lehren mittels Programmkarten im Vorhinein keine Ausgangshypothese aufstellen konnte. Deswegen könnte zunächst die qualitative Forschung zum Lehren des Skifahrens geeigneter gewesen sein, weil bei dieser aufgrund der gemachten Beobachtungen eine Hypothese entwickelt werden konnte. Aus der qualitativen Forschung könnte die Hypothese entwickelt worden sein, dass das Lehren und Lernen mittels Programmkarten eine geeignete Methode ist. Diese Hypothese könnte mittels quantitativer Daten, dass ein Großteil der Skifahrt-Teilnehmer überdurchschnittlich viel gelernt hat, bestätigt worden sein.

Bei der qualitativen Forschung gibt es keine einheitliche theoretische und methodische Meinung, sondern es werden viele Problemstellungen, Methoden und Theorien sehr kontrovers (gegeneinander gerichtet) diskutiert, da es nicht den Beweis wie z. B. in den Naturwissenschaften gibt. Da die Methode immer dem Forschungsgegenstand angepasst sein muss, kann man nicht von einer Allround- oder Einheitsmethode sprechen, die pauschal auf jede Forschungsfrage angewendet werden kann.

Deshalb ist es wichtig einige Verfahren zur Erhebung und Interpretation von Daten sowie zur Absicherung und Darstellung von Ergebnissen kennen zu lernen, auf welche wir im weiteren Verlauf ansatzweise eingehen werden.

(Quelle zu 3: Flick, U.: Qualitative Sozialforschung Seiten 12 - 13, Hamburg 2002, Rowohlt, 6. Auflage)

## 4 Idealtypische Vorgehensweise bei quantitativer und qualitativer Forschung

Hierbei handelt es sich um einen idealtypischen Verlauf quantitativer und qualitativer Forschung, d. h. die Phasen können so sein, müssen es aber keinesfalls. Der Verlauf einer Forschung muss genau wie die Forschungsmethode an den Forschungsgegenstand angepasst sein.

**quantitative Forschung**                    **qualitative Forschung**

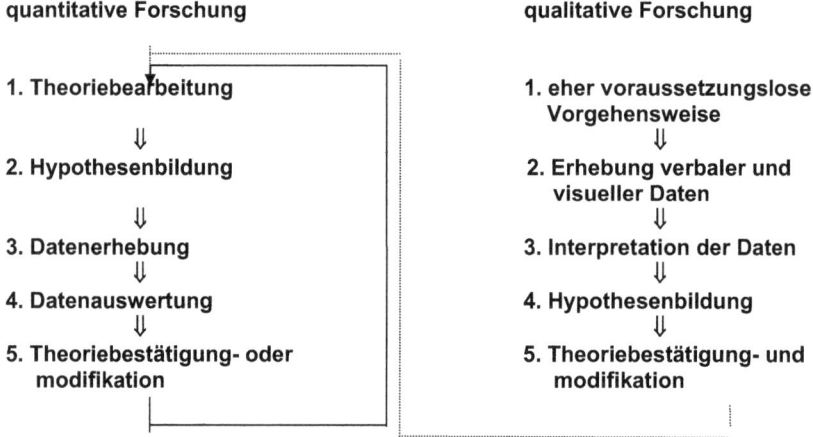

1. Theoriebearbeitung

   ⇓

2. Hypothesenbildung

   ⇓

3. Datenerhebung

   ⇓

4. Datenauswertung

   ⇓

5. Theoriebestätigung- oder modifikation

1. eher voraussetzungslose Vorgehensweise

   ⇓

2. Erhebung verbaler und visueller Daten

   ⇓

3. Interpretation der Daten

   ⇓

4. Hypothesenbildung

   ⇓

5. Theoriebestätigung- und modifikation

(Gerstenberger, F.: Skript zu Einführung in die Methoden der Berufsbildungsforschung (BWP IV) an der Universität Oldenburg, 1999)

Zur Erklärung der Pfeile aus der Graphik ist anzumerken, das eine Theoriemodifikation als Ergebnis der quantitativen Forschung eine neue quantitative Forschung erforderlich machen kann, um die veränderte Theorie zu bestätigen oder zu widerlegen (durchgezogener Pfeil). Des Weiteren ist die quantitative Forschung auch besonders geeignet, neu entwickelte Hypothesen und Theorien aus der qualitativen Forschung zu überprüfen (gestrichelter Pfeil).

Wenn man versucht Kohl´s quantitativen und qualitativen Forschungsprozess zu durchleuchten fällt einem auf, dass er sich nur bedingt an diese Vorgehensweise hält. Er nimmt quantitative qualitative Forschung nahezu gleichzeitig und parallel vor. Er beginnt mit einer qualitativen Befragung der Versuchspersonen und wertet diese aus. Durch Interpretation der mittels eines Interviews eingefangenen Aussagen stellt er eine Hypothese und Theorie über die wechselseitige Abhängigkeit von Bewegung und Wahrnehmung auf. Anschließend kommt es zu einer quantitativen Forschungsreihe durch das Basketballexperiment. Die interpretierten Wurfergebnisse (quantitative Forschung) und die von Kohl und den Versuchspersonen durch gemeinsames erzählen ermittelten Aussagen (qualitative Forschung), lassen ihn zu dem Schluß kommen, dass seine Ausgangshypothese bestätigt worden ist.

## 5 Erhebungsverfahren für verbale Daten

Den Einstieg in die Erhebungsverfahren für verbale Daten haben wir durch eine Frage an die Seminarteilnehmer geschafft. „Welche Verfahren bzw. Methoden zur Erhebung verbaler Daten kennt ihr?" Hierauf kamen umgehend die Antworten Interview und Diskussionen.

Um den Rahmen unserer schriftlichen Ausarbeitung nicht zu sprengen nennen wir die Verfahren und Methoden verbaler und visueller Datenerhebung und erklären meist jeweils die Methoden etwas genauer, die Kurt Kohl in ähnlicher Form bei seiner Forschung verwendet hat.

### 5.1 Leitfaden-Interviews

a) Fokussiertes Interview

b) Halbstandardisiertes Interview

Dieses ist gekennzeichnet durch offene und hypothesengerichtete Fragen, die eine Auseinandersetzung mit der Fragestellung verursachen sollen. Dabei sollen auch Vorschläge zur Erklärung des in die Antworten mit eingeflossenen Wissens gemacht werden. Dieses Interview eignet sich besonders gut ungesicherte Theorien wiederherzustellen. Dabei müssen umfangreiche methodische Vorgaben gemacht werden und es können sich Auswertungsprobleme ergeben.

c) Problemzentriertes Interview

d) Experteninterview

e)Ethnographisches Interview (beschreibende Fragen), freundliche Unterhaltung läßt Interviewsituation evtl. vergessen

## 5.2 Erzählungen als Zugang

a) Narratives (erzählendes) Interview:
Der Interviewte wird in seinen Erzählungen nicht durch Zwischenfragen oder ähnliches beeinflusst. Das Interview beginnt mit einer Erzählaufforderung und endet mit auf die Erzählungen gerichteten Nachfragen, sowie der Bilanzierung des Erzählten durch den Interviewer. Es eignet sich besonders gut für die Untersuchung biographischer Verläufe und wird in ähnlicher Form auch in der Psychotherapie angewandt.
b) Episodisches Interview

## 5.3 Gruppenverfahren

a) Gruppendiskussion:
Die Diskussion wird von deren Leiter nicht in eine Richtung gelenkt und es herrscht Freizügigkeit gegenüber den Diskussionsinhalten. Trotzdem wird eine gewisse Diskussionssteuerung (z. B. Regeln der Diskussion) durch einen Leitfaden gewährleistet. Vorteilhaft ist bei diesem Verfahren die Gruppendynamik. Deshalb stellt sie eine sinnvolle Alternative zur Einzelbefragung dar und eignet sich besonders gut für Meinungs- und Einstellungsforschung.
b) Gemeinsames Erzählen

Kohls Interview-Methode kann man nicht eindeutig einer Interviewform zuordnen, sie hat aber Ähnlichkeiten vor allem mit dem halbstandardisiertem (offene Fragen, die zur Auseinandersetzung mit dem Problem anregen sollen) und narrativen (keine Beeinflussung durch den Versuchsleiter) Interview. Das Interview, das Kohl nach seiner quantitativen Forschung durch das Basketballexperiment durchführt ähnelt der Interviewform des gemeinsamen Erzählens sehr stark, da er die Gruppendynamik ausnutzt, keine methodischen Interventionen vornimmt und das Interview nur wenig durch thematische Vorgaben steuert.

(Quelle zu 5.1. - 5.3: Flick, U.: Qualitative Sozialforschung Seiten 191, Hamburg 2002, Rowohlt, 6. Auflage)

## 6 Erhebungsverfahren für visuelle Daten

### 6.1 Beobachtung ohne Teilnahme

Die Beobachteten werden durch den nicht teilnehmenden Beobachter zu den entsprechenden Forschungsgegenständen befragt, schwerpunktmäßig konzentriert sich dieser aber auf die Beobachtung und versucht durch sein Wirken die Beobachteten nicht zu beeinflussen. Die Beobachtung von ausgewählten Personen ist möglich und ein großer Vorteil dieser Erhebungsmethode. Zu beachten ist, dass Beobachtungen in der Öffentlichkeit, zu vor der Zustimmung bedürfen.

### 6.2 Teilnehmende Beobachtung

Bei der teilnehmenden Beobachtung nimmt der Forscher selbst an der Beobachtungsaktivität teil und kann diese dadurch besser nachvollziehen. Er kann Schlüsselpersonen besonders einbeziehen, unterliegt aber dem Zielkonflikt von Teilnahme und Distanz. Weiterhin besteht die Gefahr der Überflutung des Beobachters durch Reize von innen und von außen, besonders dann, wenn die Beobachtung durch die emotionale Betroffenheit aufgrund der Teilnahme beeinflusst wird. Des Weiteren kann auch die Teilnahme durch die gleichzeitig zu bewältigende Beobachtungsaufgabe das Forschungsergebnis verzerren.

Kurt Kohl wählt für sein Basketballexperiment die Methode der teilnehmenden Beobachtung aus, weil er sich durch diese erhofft das Experiment und die Aussagen der Versuchspersonen besser nachvollziehen zu können. Seine Teilnahme scheint aber nur unwesentlich, die für die Beobachtung notwendige Distanz, zu schmälern. Auch kommt es für ihn als geübten Basketballer, der relativ emotionslos und sehr ruhig das Experiment durchführt nicht offensichtlich zu einer Reizüberflutung, so dass die teilnehmende Beobachtung für seine Forschungszwecke geeignet zu sein scheint.

(Quelle zu 6.1 - 6.2: Flick, U.: Qualitative Sozialforschung Seiten 236-237, Hamburg 2002, Rowohlt, 6. Auflage)

## 6.3 Ethnographie

Bei der Ethnographie kommt es zu der Verbindung von Beobachtung und Befragung. Der Untersucher nimmt an der beobachteten Lebenswelt selbst teil.

Dieses Verfahren erfordert verschiedene Methoden, da die Notwendigkeit der Gegenstandsangemessenheit der Methoden besteht und die Methode dem Forschungsgegenstand angemessen sein muss. Eine Sensibilisierung für Probleme des Alltags wird durch diese Erhebungsmethode in ganz besonderer Weise Rechnung getragen.

Um z. B in völlig neuen Lebenswelten (z. B. Naturvölker oder Gangs in den USA) Forschung zu betreiben ist diese Methode besonders gut geeignet, weil der Forscher selbst an der Lebenswelt teilnimmt und somit erst die Einstellungen und das Handeln der Untersuchten nachvollziehen kann. Je nachdem, ob die Untersuchten wissen, dass an ihnen geforscht wird, erreicht man ein Forschungsergebnis, indem sich die Untersuchten mehr oder weniger stark durch das Forschungsvorhaben verstellen. Bei nicht Wissen über das Forschungsvorhaben fällt die Gefahr der Verstellung des Verhaltens weites gehend weg. (Quelle zu 6.3: Flick, U.: Qualitative Sozialforschung Seiten 236-237, Hamburg 2002, Rowohlt; Flick, U.: Handbuch zur qualitativen Forschung, Hamburg 2000, Rowohlt)

## 6.4 Foto- und Filmanalyse

### a) Fotoanalyse

Bei der Fotoanalyse ist der Fotograf das Subjekt und der Fotografierte das Objekt (Ausnahme Fotoaufnahmen mit Selbstauslöser). Die Dokumentation der Daten erfolgt durch Fotoserien. Entscheidend für die Qualität von Fotoserien sind Ausschnitt, Blickwinkel und die Aufnahme im entscheidenden Moment.

Die Foto- und Filmanalyse ist relativ modern und gewinnt in der Forschung allgemein zunehmend an Bedeutung. Im Gegensatz zu allen anderen Beobachtungsverfahren ist es hier möglich, sich die Daten immer wieder vor Augen zu führen, wodurch eine bessere Interpretation wahrscheinlich ist.

Vor allem auch im Sport, wird es durch diese Verfahren ermöglicht, die eigene Bewegung zu sehen, ggf. eine Bewegungskorrektur vorzunehmen und sich eine bessere Vorstellung von der eigenen Bewegung zu machen.

## b) Filmanalyse

(Quelle zu 6.4:Flick, U.: Qualitative Sozialforschung Seiten 236-237, Hamburg 2002, Rowohlt, 6. Auflage)

## 7 Zusammenfassende Beschreibung des qualitativen Forschungsprozesses anhand von Flick`s  Definition der qualitativer Forschung

Bei dieser Beschreibung des qualitativen Forschungsprozesses verweisen wir auf unsere Graphik aus dem Gliederungspunkt vier und haben die dort genannten idealtypischen Phasen nochmals aufgegriffen und erklärt und zur Verdeutlichung fett gedruckt.

In Flick`s Buch „Qualitative Sozialforschung" wird qualitative Forschung knapp definiert „als Weg von der Theorie zum Text und als Weg vom Text zur Theorie, deren Schnittpunkt die Erhebung verbaler und visueller Daten und ihre Interpretation sind."
(Flick, U.: Qualitative Sozialforschung Seiten 27-28, Hamburg 2002, Rowohlt, 6. Auflage)

Auf dem Weg von der Theorie zum Text ist die Methode bedeutsamer als die theoretische Position und ist somit eine eher voraussetzungslose Vorgehensweise, d. h. bei der qualitativen Forschung muss nicht von einer bestehenden Theorie ausgegangen werden und sie verlangt  u. U. nur relativ wenig Vorwissen.
Es gibt in der Sozialforschung verschiedene theoretische Positionen von denen ausgegangen wird, die jedoch alle die Gemeinsamkeit haben, von Texten als empirisches Material auszugehen und sich mit der Konstruktion von Wirklichkeit zu beschäftigen.
In dem qualitativen Forschungsprozess werden zunächst durch verschiedene Erhebungsverfahren verbale und oder visuelle Daten gewonnen und aufgezeichnet und in Texte überführt, die als Ergebnis der Datenerhebung anzusehen sind. Erhebungsverfahren für verbale Daten können verschiedene Formen des Leitfaden-Interviews, Erzählungen oder Gruppenverfahren sein. Die Gewinnung von visuellen Daten kann durch Beobachtung, Ethnographie, Foto- und Filmanalyse erfolgen. Die erhobenen Daten werden in Texte überführt.
Sowohl die Sammlung, Nutzung und Aufzeichnung der Daten als auch die Überführung der Daten in Texte erfolgt unter wesentlicher Einflußnahme des Forschers, der dabei kein Abbild der Realität schaffen kann, sondern sich seine eigene Vorstellung der Wirklichkeit aufbaut

und diese im Text formuliert. Dabei ersetzt der Text den Forschungsgegenstand als erforschte Realität.

Zum Herausstreichen der Bedeutung der Texte:

Drei Funktionen der Texte im Forschungsprozess:
- auf den Texten wird die Erkenntnis gegründet
- Basis von Interpretationen
- zentrale Medium der Darstellung und Vermittlung der Erkenntnisse

Bei der Interpretation der Daten (Texte) werden verschiedene Interpretationsverfahren angewendet, wobei die Texte das Instrument sind. Die Besonderheit bei der Foto- und Filmanalyse ist, dass man sich im Nachhinein bei den erhobenen Daten rück versichern kann.

Die Interpretationsverfahren sind an der Kodierung und Kategorisierung oder an der sequentiellen Struktur eines Textes orientiert. Darauf und auf die verschiedene Methoden der Interpretation von Daten näher einzugehen, würde den Umfang dieser Arbeit übertreffen.

Aus den interpretierten Texten, die bei der qualitativen Forschung eine zentrale Rolle spielen, werden durch komplexe gedankliche Prozesse Hypothesen gebildet. Hypothesen sind Annahmen über reale Sachverhalte in Form von Konditionalsätzen. Sie weisen über den Einzelfall hinaus und sind durch Erfahrungsdaten widerlegbar. Aus den aufgestellten Hypothesen wird eine Theorie aufgestellt. Eine Theorie kann man als System von Hypothesen oder eine wissenschaftliche, rein gedankliche Betrachtungsweise beschreiben (Quelle zu 7: Flick, U.: Qualitative Sozialforschung Seiten 26-29, Hamburg 2002, Rowohlt, 6. Auflage; dtv-Lexikon von Brockmann, Mannheim, 1992, Band 1-20)

## 8 Aktuelle Entwicklungen und Problembereiche der qualitativen Forschung

### 8.1 Aktuelle Entwicklungen

Die Verwendung von Computern und anderen modernen Medien zur Datenerhebung (Video- und Digitalkamera) werden immer notwendiger, um eine bessere Dokumentation, Interpretation und Auswertung der Daten zu gewährleisten.

Die Verknüpfung von quantitativer und qualitativer Forschung wird heutzutage immer stärker angestrebt, um die Qualität der Forschungsergebnisse zu verbessern. Die Vorgehensweisen, Kennzeichen und Zielsetzungen quantitativer und qualitativer Forschung sind oft ganz gegensätzlich, wodurch sie jedoch besonders gut geeignet sind, sich zu ergänzen und ihre Schwächen und Stärken gegenseitig auszugleichen, so dass sich eine hochwertige Forschung erst recht bei einer Kombination quantitativer und qualitativer Forschungsprozesse ergibt.

Kurt Kohl fungierte dabei als ein Pionier, der bereits in den 50er Jahren diese Verbindung von quantitativer und qualitativer Forschung anstrebte.

## 8.2 Problembereiche der qualitativen Forschung

Obwohl es gerade das Ziel der qualitativen Forschung ist, alltägliche Probleme zu erklären, herrscht immer noch mangelnde Alltagsrelevanz vieler Forschungsergebnisse vor, u. a. weil es keine geeigneten Methoden zur Erforschung vieler komplexer Phänomene des Alltags gibt. Oftmals können Forscher auch zur Erklärung sehr brisanter und alltäglicher Probleme keine entsprechende Methode entwickeln bzw. auffinden, so dass das Problem gar nicht bzw. nur unzulänglich erforscht werden kann.

Das Problem der Herstellung neuer Realitäten im Verlauf der Datenerzeugung und Interpretation wurde nur unzulänglich diskutiert und ist insbesondere vor dem Hintergrund der Vervielfältigung der Lebenswelten problematisch.

Als wesentlichster Problembereich der qualitativen Forschung ist die Gefahr anzusehen, daß der produzierte Text als Ergebnis der Konstruktion der Wirklichkeit des Forschers u. U. zu wenig der Realität entspricht und deswegen nur geringfügig verläßliche, neue Erkenntnisse schafft. Diese Konstruktionen von Wirklichkeiten in Form von Texten nach ihrer Realitätsnähe zu beurteilen, ist eine schwierige Aufgabe mit sehr subjektivem Charakter.

Diese o. g. drei Hauptkritikpunkte stellen die Qualität der qualitativen Sozialforschung in Frage.

Klassische Kriterien für die Überprüfung dieser Qualität (Gültigkeit und Angemessenheit) der durch die qualitative Forschung entwickelten Theorien sind die Validität und Reliabilität

„Validität (Güte) eines Textes gibt an, wie gut der Text in der Lage ist, genau das zu messen, was er zu messen vorgibt."

„Reliabilität (Zuverlässigkeit / Messgenauigkeit) eines Textes kennzeichnet den Grad der Stabilität und Genauigkeit, mit dem das geprüfte Merkmal bei wiederholten Anwendungen gemessen wird." (Gerstenberger, F.: Skript zu Einführung in die Methoden der Berufsbildungsforschung (BWP IV) an der Universität Oldenburg, 1999 )

(Quelle zu 8.1-8.2: Flick, U.: Qualitative Sozialforschung, Seiten 380 - 383, Hamburg 2002, Rowohlt, 6. Auflage; Gerstenberger, F.: Skript zu Einführung in die Methoden der Berufsbildungsforschung (BWP IV) an der Universität Oldenburg, 1999)

## 9 Schluss und persönliche Beurteilung der Thematik

Die Arbeit an unserem Referat resümierend, war die Auseinandersetzung mit quantitativer und qualitativer Forschung für uns Neuland. Insbesondere der sozialwissenschaftlichen Hintergrund von Flick`s Buch „Qualitative Sozialforschung" fehlte uns und machte uns den Einstieg in die Thematik nicht sehr leicht. Doch wurde es im Laufe unserer Vorbereitung immer interessanter etwas über Forschung und ihre Methoden zu lernen und den Bezug zu Kurt Kohl`s Buch „Zum Problem der Sensumotorik" herzustellen. Diese Transferleistung zwei verschiedene Wissenschaftsdisziplinen aufeinander zu beziehen war zwar nicht ganz einfach, aber dafür auch besonders reizvoll, weil man aufgrund mangelnder Literatur dazu eigene Gedanken und Zusammenhänge entwickeln musste.

Bei Kurt Kohl`s quantitativen Forschungsergebnissen hat uns besonders verwundert, dass die Blindwürfe nahezu genauso gut treffen wie die Normalwürfe. Kohl ist es in seinem Werk ausgezeichnet gelungen dieses Phänomen zu erklären. Die qualitative Befragung zum Experiment brachte phantastische Erkenntnisse hervor, wozu sowohl die geeignete Fragestellungen von Kohl`s Seite als auch die qualifizierten Aussagen der Versuchspersonen ihren Beitrag leisteten. Dadurch ermöglichte er, mit als erster, etwas Licht an die wechselseitige Abhängigkeit von Bewegung und Wahrnehmung zu bringen. Dies war insbesondere deshalb möglich, weil er es als Pionier versuchte, quantitative und qualitative Forschung zu verknüpfen. Insgesamt sind für uns, sein methodisches Vorgehen und seine Forschungsergebnisse sehr lobenswert, da er bereits in den 50er Jahren, die meisten der von Uwe Flick Jahrzehnte später veröffentlichten Erkenntnisse zur quantitativen und qualitativen Forschung berücksichtigt hat.

## 10 Literaturverzeichnis

Primärliteratur:

dtv-Lexikon von Brockmann, Mannheim, 1992, Band 1-20

Flick, U.: Handbuch zur qualitativen Forschung, Hamburg 2000, Rowohlt

Kohl, K.: Zum Problem der Sensumotorik, Frankfurt am Main 1956, Verlag von Dr. Waldemar Kramer


Sekundärliteratur:

Gerstenberger, F.: Skript zu Einführung in die Methoden der Berufsbildungsforschung (BWP IV) an der Universität Oldenburg, 1999


Bedeutsame Literatur daraus:

Atteslander, P.: Methoden der empirischen Sozialforschung. Berlin 1991

Friedrichs, J: Methoden empirischer Sozialforschung. Opladen 1990

König, E.: Grundlagen qualitativer Forschung, Weinheim 1995